AF227273

ESQUISSE

D'ORGANISATION POLITIQUE

SOCIALE ET MILITAIRE

PAR

ERNEST GUIRAUDOU

MONTPELLIER

IMPRIMERIE CENTRALE DU MIDI

HAMELIN FRÈRES

—

1877

ESQUISSE

D'ORGANISATION POLITIQUE

SOCIALE ET MILITAIRE

PAR

ERNEST GUIRAUDOU

MONTPELLIER

IMPRIMERIE CENTRALE DU MIDI

HAMELIN FRÈRES

—

1877

ESQUISSE

D'ORGANISATION POLITIQUE

SOCIALE ET MILITAIRE

L'observateur soucieux de la prospérité publique, en examinant avec attention la marche des affaires en France, ne tarde pas à s'apercevoir que le rouage administratif et politique ne fonctionne pas d'une manière sûre et naturelle.

Dans le sein des Assemblées délibérantes, comme dans tout le Corps électoral, l'esprit de parti étouffe la saine raison et paralyse les généreux élans du cœur. La ruse et la passion politique l'emportent toujours sur les nobles sentiments, qu'inspirent les intérêts nationaux.

Aussi que de lenteurs et d'inconséquences à déplorer dans l'essai de notre réorganisation civile et militaire !

Aujourd'hui un projet de loi est déposé sur le bu-

reau de l'Assemblée législative, demain il est retiré;
après-demain c'est le tour d'un autre projet : celui-ci,
après bien des épreuves, est adopté. Mais tout n'est
pas fini : voilà notre susdit projet, après son adoption
au Corps législatif, obligé d'aller subir un nouvel
examen devant le Sénat. Après minutieuse discus-
sion, le Sénat est presque toujours d'avis ou de le
supprimer, ou de le modifier de fond en comble; dans
le premier cas, le projet est frappé de mort; dans le
deuxième cas, il est abandonné à une lente agonie.
En effet, le malheureux projet de loi revient mécon-
naissable à la Chambre des députés; celle-ci l'exa-
mine de nouveau, et, ne pouvant s'expliquer l'utilité
des modifications proposées par le Sénat, croit recon-
naître dans les intentions de la haute Assemblée, à
son égard, une véritable déclaration de guerre. Elle
éprouve quelque ressentiment de cette prétendue mal-
veillance, puis laisse dans l'oubli le projet de loi dont
elle avait pris l'honorable initiative.

A ces conflits continuels entre les deux Chambres
législatives vient s'ajouter encore la lutte sourde et
systématique qui règne entre les membres d'une même
Assemblée.

Le député royaliste est toujours heureux de voir
le député radical se lancer, à toute vapeur, vers la
théorie du suffrage universel appliqué à la nomina-
tions de tous les fonctionnaires de l'État, aux membres de la magistrature et de l'armée. A son tour, le
fougueux républicain ne peut maîtriser sa joie quand

l'intrépide défenseur du drapeau blanc évoque, à tout propos, les mœurs et les vieilles coutumes du moyen âge.

Voilà de quelle manière vont les affaires au Sénat et à la Chambre des députés.

Dans la nation entière, pour tout dire, chaque citoyen ne voit dans son adversaire politique qu'un ennemi à vaincre ou à terrasser, et, au milieu de cette mêlée infernale, personne ne pense à l'intérêt public.

Depuis la funeste guerre de 1870, la France est dans un grand état de faiblesse et de découragement. Il appartiendrait à chaque citoyen, bien pénétré de ses devoirs, de réagir contre cet abattement général, afin de contribuer, dans la mesure de ses forces, à éteindre cette calamité publique. A l'œuvre donc, les uns et les autres, car la tâche est lourde et digne des plus grands efforts! De cette manière disparaîtra peu à peu ce gouffre profond creusé par la Prusse, dans le but d'y ensevelir la nation entière.

Mais ayons le courage de le dire, chaque Français est-il prêt à comprendre ainsi son rôle réparateur? Malheureusement, non. Jusqu'ici, chacun de nous n'a presque jamais songé à s'imposer la moindre privation au profit de la patrie en deuil.

Un malaise général règne partout; le trouble est dans tous les esprits; le travail diminue, le commerce souffre et la confiance disparaît des marchés. On veut s'étourdir en attendant un nouveau cataclysme, et la misère devient de jour en jour plus affreuse.

Quand cela finira-t-il, mon Dieu ? Espérons que ce sera bientôt; oui espérons-le, car la France ne doit pas périr.

Dans cette ardente conviction vers un avenir plus serein, commençons, mes chers concitoyens, par nous recueillir un moment. Apprenons à bien connaître nos fautes, à bien sentir les déplorables effets des candidatures radicales, qui se produisent à chaque élection nouvelle, avec chance de succès, et dont le résultat certain est de montrer la nation française exposée, plus tard, à cette affreuse alternative : de tomber meurtrie entre les mains de la démagogie en colère, ou de tomber esclave entre les mains d'un César quelconque.

Terrible alternative cependant, pour un grand peuple, que d'être exposé sans cesse à devenir la proie de l'anarchie ou du despotisme ! Grande cause d'épouvante pour les vrais amis du Progrès, de l'Ordre et de la Liberté !

Maintenant que chacun de nous a fait appel à son bon sens et à sa conscience, prenons tous, indistinctement, l'énergique résolution de faire des sacrifices sur l'autel de la Patrie. Imprégnés de cet amour du sacrifice et prêts, les uns et les autres, à immoler nos passions et nos haines, nous serons dignes de temps meilleurs; nous pourrons attendre, avec confiance, la résurrection de nos vieilles vertus et de notre antique renommée.

Dans ces circonstances, permettez-moi, chers concitoyens, de vous exposer mes idées sur les moyens de rendre la France forte et prospère.

Ces moyens se réduisent à deux seulement: à l'intérieur, la Paix par l'union des classes; à l'extérieur, la Paix par la création d'une bonne armée.

DE L'UNION DES CLASSES

S'il est vrai que dans l'ordre physique, des forces égales luttant en sens contraire se neutralisent, il est non moins vrai que deux forces égales luttant dans le même sens doublent de puissance.

Dans l'ordre social, cette loi est aussi vraie que dans l'ordre physique.

La nation française, malgré toutes ses révolutions, est composée d'un certain nombre de classes, lesquelles peuvent être comparées à des forces distinctes. Si, malheureusement, ces classes luttent les unes contre les autres, elles dépensent leur activité sans profit; bien plus, elles s'affaiblissent réciproquement. Au contraire, si ces classes, désormais unies par les liens de la solidarité, travaillent en commun à leur prospérité réciproque, elles arrivent à un bien-être considérable.

On dira peut-être que mon langage est étrange; qu'il ne convient plus à l'époque actuelle; que, depu notre immortelle Révolution de 1789, il n'y a plus de classes en France; qu'il ne reste que des citoyens égaux, libres, unis par un même sentiment fraternel sous le nom de peuple français.

Hélas! que toutes ces idées seraient belles, si elles n'étaient un rêve, à l'état d'espérance.

La Révolution de 1789 a accompli de très-grandes choses, cela est incontestable; mais, si elle a courbé toutes les classes sociales sous le même niveau égalitaire, elle les a laissées pleines de vie et plus fières que jamais de leur existence individuelle.

En observant les faits qui se déroulent chaque jour sous nos yeux, où trouvons-nous la Liberté? où voyons-nous la Fraternité? Ces deux grands mots, étendards de l'indépendance et de la force, n'ont jamais pris racine dans le cœur de la majorité des citoyens français.

De la magnifique formule Liberté, Égalité, Fraternité, il ne reste debout que l'Égalité.

Considérons l'époque actuelle. Les ouvriers sont-ils réellement satifaits? Peuvent-ils l'être? Sont-ils directement représentés dans les Conseils municipaux, dans les Conseils généraux, dans les grandes assemblées nationales? Je crois que non. Les Chambres syndicales des grandes villes ne cessent de faire entendre leurs plaintes; elles désespèrent même de voir, avec le système actuel, l'ouvrier investi du titre de conseiller municipal, de conseiller général ou de député, sauf de rares exceptions, bien entendu.

La Révolution de 1789 n'a donc pas résolu la question sociale; la République de 1848 a été aussi impuissante que la première Révolution; et la République de 1870, qu'elle soit entre les mains des modérés, des opportunistes ou des radicaux, sera aussi impuissante que les autres.

Je me demande, tous les jours, ce qu'a gagné l'ouvrier à se faire tuer sur les barricades, à lutter contre les classes élevées de la société? Il a toujours été plus malheureux après qu'avant. Le procédé révolutionnaire peut, à bon droit, être jugé mauvais. Si la classe ouvrière veut arriver à son but, elle doit changer complétement de tactique; je me charge de prouver cette assertion.

Eh mon Dieu! qu'est-ce que la question sociale?

La question sociale, si je ne me trompe, est l'accord sympathique et intéressé de l'intelligence avec le capital et la main-d'œuvre, sous la paisible direction d'un gouvernement paternel.

La question sociale est donc plus qu'une question ouvrière, puisqu'elle règle les intérêts réciproques de toutes les classes de la société.

L'ouvrier est évidemment le plus pressé à voir résoudre ce vaste problème; ses douleurs sont de plus en plus vives, et tous les jours, sans exception, il est indispensable qu'il trouve du travail, afin de se nourrir et de nourrir sa famille.

Mais, si l'*ouvrier* a besoin d'être garanti contre les justes exigences de son corps et de son intelligence, le *capital*, lui aussi, a besoin d'être rassuré contre les bouleversements sociaux. Le *savant* et le *fonctionnaire*, non plus, ne peuvent être à la merci d'un gouvernement de hasard.

Stabilité du gouvernement, sécurité du capital, conservation des positions acquises, instruction et ouvrage assurés au prolétaire : telles sont les principales conditions d'un Etat florissant.

Ce programme de tout Etat prospère ne peut être réalisé que par l'harmonie de toutes les classes de la société.

Trouver un système qui permette d'unir, par les liens de l'intérêt et de la solidarité, toutes les forces politiques et sociales de la France, voilà le grand problème à résoudre.

Je vais me permettre de chercher la solution de ce problème sous l'égide de ma conscience et de mon patriotisme.

J'espère, grâce à Dieu, arriver à un bon résultat ; mon cœur semble me le dire. Cependant, à défaut d'autre mérite, il me restera toujours celui d'avoir travaillé au bonheur de mes semblables et d'avoir prouvé mon patriotisme.

DES CLASSES SOCIALES

La France peut se diviser en quatre classes sociales bien distinctes : la *Science*, l'*Aristocratie*, la *Bourgeoisie* et le *Prolétariat*.

La *Science* est une classe qui a le mérite de puiser ses éléments de formation dans toutes les autres classes indistinctement ; elle en est comme la quintessence, et se compose de tous les hommes versés dans les grands travaux littéraires et scientifiques, ou livrés à l'enseignement public. Les illustrations sont très-nombreuses dans cette classe; elle rend les plus grands services au pays; pour ces motifs, il est juste qu'elle occupe le premier rang dans l'Etat.

L'*Aristocratie* est le symbole de la tradition, de l'honneur et du courage. La vieille noblesse a rendu des services éclatants à la Patrie. A ce titre elle a droit à notre respect, et ses descendants, réunis à leurs illustres collègues contemporains, méritent d'avoir leur part d'influence dans la direction des affaires publiques.

Je sais, aussi bien que personne, que certains nobles, en petit nombre il est vrai, ont laissé vicier le sang qui coulait dans les veines de leurs ancêtres;

mais n'oublions jamais que le mal peut pénétrer partout, et que l'exception ne détruit pas la règle.

La *Bourgeoisie* est la personnification du travail accompli et de la sobriété. Un bourgeois est en général le descendant d'un ouvrier quelconque. Son père, à force de sueurs et de privations, a pu amasser quelques économies. C'est avec ces économies que ce vénérable chef de famille a pu faire élever et instruire ses enfants. Ceux-ci, à leur tour, mettant en œuvre leur instruction et leur petite fortune, sont parvenus à une situation sociale plus élevée. Voilà la Bourgeoisie dans son origine et dans ses résultats. Cette classe est bien digne à son tour de participer aux affaires publiques.

Le *Prolétariat* est la représentation des classes laborieuses ; il comprend tous les travailleurs manuels au service d'autrui. Le Prolétariat est, en un mot, la réunion de tous ces hommes aux bras vigoureux, qui sont les humbles exécuteurs des rudes travaux de la ville et de la campagne ; travaux créés par l'intelligence et payés par le capital.

Cette nombreuse classe de travailleurs salariés a parcouru, depuis les temps anciens jusqu'à nos jours, une longue période d'épreuves et de souffrances. Esclave d'abord, puis serf, puis opprimé, le *travailleur* arrive enfin, après la Révolution de 1789, à l'ère du travail libre. Ces différentes étapes constituent un mouvement de progrès ; mais ce progrès ne peut pas s'arrêter à la Liberté du travail. Il faut encore autre chose à cette classe déshéritée : il faut que l'ouvrier puisse vivre et nourrir ses enfants avec le fruit de sa journée ; il faut qu'il puisse développer son intelligence ; il faut que l'honneur de sa famille ait des garanties sérieuses; il faut, enfin, que ses droits civils et politiques soient reconnus sans arrière-pensée. A ces conditions, le prolétaire deviendra un bon citoyen, c'est-à-dire un ami de l'Ordre, de la Religion, de la Science et de la Patrie.

D'où vient donc que, jusqu'à présent, l'ouvrier en général n'a cessé de conspirer contre le repos et la fortune des classes privilégiées ? Et, réciproquement, d'où vient que les classes privilégiées ont, tour à tour, employé l'argent et la ruse afin d'empêcher la classe ouvrière d'étendre son pouvoir et son influence?

L'ouvrier a besoin d'ordre plus que personne pour avoir son travail assuré, et cependant il est une cause de tourment pour les gouvernements établis.

Le capitaliste a besoin de l'ouvrier pour tirer profit de ses capitaux, et cependant l'ouvrier lui inspire de l'aversion.

Nous avons tous besoin les uns des autres, dans ce bas monde, et, au lieu de nous entr'aider, nous avons la folie de nous haïr.

Le malentendu qui règne entre toutes les classes sociales est la cause de cette épouvantable inconséquence.

Examinons de quelle manière on pourrait dissiper ce malentendu.

S'il est une vérité que l'on doive graver dans notre mémoire, c'est bien celle-ci : on ne s'aime et on ne s'estime entre personnes de position différente que quand on a appris de bonne heure, par des relations fréquentes, à s'aimer et à s'estimer.

Il est donc nécessaire que les différentes classes sociales établissent entre elles, au sein des administrations publiques, des rapports fréquents et naturels ; elles apprendront ainsi à s'entendre, à s'instruire et à s'estimer.

L'ouvrier doit donc, à son tour, faire partie intégrante du rouage politique et administratif.

En récapitulant tout ce que nous venons de dire, nous voyons donc que la *Science,* l'*Aristocratie,* la *Bourgeoisie* et le *Prolétariat,* doivent être la véritable base de la puissance gouvernementale.

Ces quatre classes doivent immédiatement faire la paix, oublier le passé, et collaborer individuellement à la formation d'une Assemblée nouvelle, qui sera la représentation complète du Peuple français.

Alors plus de révolutions à craindre et plus de despotisme à redouter.

L'édifice social reposera sur les quatre appuis de la Science, de l'Aristocratie, de la Bourgeoisie et du Prolétariat ; c'est-à-dire sur l'esprit, l'honneur, l'argent et le travail. Ces quatre appuis en seront désormais les éternels supports.

La vieille société est restée longtemps inébranlable, appuyée sur la *Noblesse,* le *Clergé* et le *Tiers Etat.*

Aujourd'hui le Clergé n'est plus un corps politique; il s'est résigné à son rôle tout moral. La *Science* occupera sa place. L'*Ouvrier* à son tour aura sa part de pouvoir. Grâce à l'adjonction de ces deux nouveaux éléments sociaux, l'*Ouvrier* et la *Science*, la représentation nationale sera complète.

Après ces développements préalables, le problème social a perdu beaucoup de ses difficultés premières; sa solution devient plus facile. Il ne reste qu'à trouver le moyen simple et pratique d'organiser la représentation égalitaire des quatre nouvelles classes sociales. Ce sera l'objet du chapitre suivant.

DE LA REPRÉSENTATION DES CLASSES SOCIALES

Le moyen d'établir cette complète représentation des quatre classes sociales consiste dans l'intelligente application du Suffrage universel. Oui, j'ai bien dit: c'est au moyen du Suffrage universel, appliqué équitablement, que s'opère la représentation des classes et, par suite, leur union.

Tous les citoyens français, jouissant de leurs droits civils et politiques, auront le droit de déposer librement dans l'urne électorale leur bulletin de vote, afin d'établir

*la Représentation communale, départementale et natio-
nale.*

Les électeurs voués à l'enseignement public, les hommes de lettres, les savants de toute espèce, les artistes distingués, tous ceux en un mot qui auront gagné quelques titres universitaires, depuis le grade de bachelier, voteront dans la *première catégorie, des Savants.*

Les électeurs nobles, inscrits au tableau de la noblesse de France par la Commission nobiliaire déléguée à cet effet, voteront dans la *deuxième catégorie, des Nobles.*

Les électeurs bourgeois, composés de propriétaires, rentiers, industriels, commerçants, journalistes, boutiquiers, employés de l'État, etc., voteront dans la *troisième catégorie, des Bourgeois.* Les membres du clergé, dépourvus de titres universitaires ou de titres de noblesse, appartiendront à cette troisième catégorie.

Les électeurs prolétaires seront composés de tous ceux qui ne figureront pas dans les autres groupes ; ils voteront naturellement dans la *quatrième catégorie, des Prolétaires.*

Ainsi, les Savants seront représentés par des savants ; les Nobles, par des nobles ; les Bourgeois, par des bourgeois, et les Prolétaires, par des prolétaires.

On ne verra plus de confusion dans la société, plus de malentendu, plus de citoyens déclassés ; chacun connaîtra son rang et sa condition.

Les élus de toutes les classes seront en égal nombre et, par leur réunion, constitueront l'Assemblée nationale.

Si l'Assemblée est composée de quatre cents membres, par exemple, chaque classe aura cent députés à élire.

Le peuple entier, dans ses divisions naturelles, sera donc représenté également.

Pour la première fois de la vie, le simple prolétaire aura une place réservée dans la Société; il sera l'égal de tous les autres citoyens ; il deviendra le collègue du savant, du noble et du bourgeois, dans toutes les assemblées représentatives ; il pourra défendre directement, devant ses nouveaux collègues, les graves intérêts de ses mandataires. Sa parole, toujours éloquente, puisqu'elle sera l'écho du malheur et de l'infortune, sera écoutée avec une vive sympathie ; rarement ses justes plaintes ne recevront pas satisfaction dans la mesure du possible.

Désormais les prolétaires pourront vivre en paix avec les heureux et les puissants du jour.

Quelle joie et quelle prospérité pour la France, s'il lui était enfin permis de voir la réalisation de ce grand bienfait :

L'union et la représentation de toutes les classes sociales !

MOYENS PRATIQUES

D'ASSURER L'ÉLECTION LÉGISLATIVE, DÉPARTEMENTALE ET COMMUNALE

Je ne me propose pas de donner un plan complet d'élections à tous les degrés, où toutes les difficultés seront résolues à l'avance ; la tâche serait au-dessus de mes forces. D'ailleurs, mon but sera atteint quand j'aurai exposé à grands traits la possibilité du vote par classes, en matière d'élections de toute espèce.

L'élection législative aura lieu par scrutin de liste dans chaque département. Chaque classe votera pour un, deux, trois députés, etc., suivant qu'il y aura quatre, huit, douze députés, etc., à élire.

Quand le nombre des députés à élire sera, par département, de quatre, ou divisible par quatre, il n'y aura aucune difficulté dans le fonctionnement électoral des classes.

Dans le cas où un ou plusieurs départements auraient à élire plus de quatre députés et moins de huit, on groupera plusieurs de ces départements, de manière à obtenir, pour l'ensemble de la représentation de ces différents départements, un nombre de candidats à élire divisible par quatre ; puis le sort décidera

à quelle classe appartiendront les candidats à élire
par chaque département groupé. Exemple :

Voici quatre départements, le Gard, l'Hérault,
l'Aveyron et l'Aude, qui ont à élire chacun cinq députés: total vingt députés ; nombre divisible par quatre. D'abord chaque classe sociale aura toujours un
député à élire; puis, pour connaître à quelle classe
appartiendra le cinquième député à nommer, on pro-
cèdera ainsi : on mettra dans une première urne le
nom des quatre classes : la Science, l'Aristocratie, la
Bourgeoisie et le Prolétariat. Dans une deuxième
urne, on mettra le nom des quatre départements : le
Gard, l'Hérault, l'Aude et l'Aveyron. On prendra
alternativement un bulletin de chaque urne; si les
deux premiers bulletins sont: *Hérault* et *Science*, la
classe représentant la Science, dans le département
de l'Hérault, votera pour le cinquième candidat à la
députation. Si au deuxième tour il sort les deux bulletins *Aude* et *Prolétariat,* la classe des Prolétaires,
dans le département de l'Aude, aura droit à deux
candidats à la députation, tandis que les trois autres
classes n'auront droit qu'à un seul. Ainsi de suite
pour les deux autres départements.

Dans l'élection au Conseil général, chaque classe
cantonale choisira à l'élection un candidat : total,
quatre candidats par canton, lesquels formeront le
Conseil cantonal. Le sort désignera ensuite, sur ces
quatre candidats, celui qui devra remplir la fonction
de conseiller général. Exemple :

Le Conseil général de l'Hérault a trente-six conseillers généraux à élire ; chaque classe sociale sera représentée par neuf conseillers, et le sort établira à quelle classe doit appartenir le conseiller général de chaque canton.

Quant à l'élection communale, rien de plus facile que le vote par classes, du moment qu'une loi aura donné à chaque commune un nombre de conseillers toujours divisible par le nombre de classes qui feront partie de ladite commune.

Si, dans une commune quelconque, une classe n'est pas représentée, on passera outre.

Afin d'éviter la moindre confusion, dans toutes les communes de France, chaque classe d'électeurs aura sa liste électorale et sa boîte de scrutin.

Voilà, dans toute sa simplicité, le système électoral appliqué par classes sociales.

RÉORGANISATION DE L'ARMÉE

Maintenant que nous connaissons les moyens d'établir, à l'intérieur du pays, la paix entre les citoyens, nous allons effleurer la question militaire.

Dans la situation présente de l'Europe, une excel-

lente armée est le premier élément de la sécurité exté-
rieure d'un grand Etat.

Je serai très-bref sur le chapitre de la réorganisation de l'armée, vu mon incompétence sur la matière.

Je vais me permettre d'offrir au public quelques
idées sur le recrutement des sous-officiers.

L'armée, dit-on partout, est dépourvue, sauf de
rares exceptions, de sous-officiers intelligents et complétement dévoués au service militaire.

Il est donc utile de remédier à cette disette de
bons sous-officiers. Dans ce but je me suis adressé
souvent cette question : Comment a-t-on fait pour
avoir de bons instituteurs communaux ? On a établi,
dans les chefs-lieux de département, des Ecoles normales primaires.

Pourquoi ne procéderait-on pas de la même manière à l'égard des sous-officiers? Pourquoi n'organi-
serait-on pas, en France, dans trois régions différentes, le Nord, le Centre et le Sud, trois Ecoles
normales de sous-officiers.

Je prévois déjà l'objection : Personne dira-t-on, ne
voudra aller faire son éducation militaire à ces
écoles.

Cette objection ne me paraît pas fondée, car j'ai la
conviction intime que ces nouvelles écoles flatteraient
beaucoup l'amour-propre des jeunes gens pourvus
d'une instruction convenable; par suite, les élèves ne
leur feraient pas défaut.

Dans tous les cas, deux lois spéciales seraient suffisantes pour garantir aux écoles militaires un personnel d'élèves toujours au complet.

Ainsi, par exemple, une première loi exigerait, à l'avenir, que tout aspirant aux fonctions publiques eût été soldat, et qu'il eût terminé son service militaire avec un grade quelconque.

Une deuxième loi imposerait aux aspirants volontaires d'un an, en sus des conditions actuelles de capacité, l'obligation de faire dorénavant leur service militaire avec le grade de sous-officier.

Ce grade aurait été légitimement gagné par les volontaires, à l'école des sous-officiers, après un séjour plus ou moins long, suivant l'aptitude de chacun.

Dans ces circontances, les volontaires d'un an cesseraient d'être un fardeau pour l'armée; ils deviendraient même un bon élément de réorganisation militaire.

Me voici presque arrivé au terme de mon travail. Il me reste à le terminer par un résumé succinct, qui en fera ressortir les points les plus importants.

La désatreuse guerre de 1870 a abattu complétement la France; elle pourrait bien se relever de sa chute ; malheureusement *l'esprit de parti* démoralise la société entière; par les divisions et les luttes qu'il engendre, toute tentative sérieuse de réorganisation publique devient impossibie.

Il est donc nécessaire d'extirper à jamais cet

abominable *esprit de parti*, en l'attaquant jusque dans ses racines les plus profondes.

Nous avons vu que le Peuple français se compose de quatre classes : la *Science,* l'*Aristocratie,* la *Bourgeoisie* et le *Prolétariat.*

Nous avons prouvé que l'*union de ces quatre classes* pouvait seule étouffer l'esprit de parti dans son germe, en assurant en retour le développement des travaux publics ou privés, le contentement de tous les groupes sociaux, et en donnant au gouvernement de la force et du prestige.

En faisant l'application immédiate de nos idées politiques et sociales, nous reconnaissons tout de suite que l'*Assemblée législative* actuelle ne représente réellement qu'une fraction minime du Peuple ; en effet, combien y a-t-il dans son sein de *savants?* Combien compte-t-elle de *prolétaires ?* Total, une demi-douzaine, peut-être. Cependant la *Science* et le *Prolétariat* sont deux classes très-considérables dans une *démocratie vraiment républicaine.*

Je crois avoir prouvé, d'une manière évidente, que le *Peuple* français ne retrouvera la sécurité et le bien-être qu'avec le système de la représentation directe de toutes les classes sociales au sein des Assemblées électives.

Maintenant, avant de signer cet écrit, qu'il me soit permis d'émettre un vœu bien ardent : celui de voir les idées que je viens d'avoir l'honneur d'exposer ici, bien accueillies par l'opinion publique ; non pas pour la vaine satisfaction de mon amour-propre, ce n'est pas là mon but. Mon but vise plus haut : il s'adresse indirectement à la France, que je suis impatient de voir heureuse et prospère; il s'adresse, enfin, aux classes laborieuses, que je voudrais voir élevées à la hauteur de leur mérite et de leurs no bles sentiments.

A l'heure présente, le ciel politique de l'Europe paraît s'assombrir; le canon va peut-être gronder. Le moment est donc venu, mes chers concitoyens, de nous montrer sages et unis, si nous voulons être en mesure de regarder passer l'orage à l'abri du danger.

ERNEST GUIRAUDOU.

Caux, le 23 avril 1877.